THÈSE

POUR

LA LICENCE

Boulard.

UNIVERSITÉ DE FRANCE. — ACADÉMIE DE RENNES.

FACULTÉ DE DROIT.

THÈSE POUR LA LICENCE

JUS ROMANUM........ De provinciali solo et de jure emphyteuticario.

DROIT FRANÇAIS ...... Du domaine privé de l'État.

Cette Thèse sera soutenue le vendredi, 9 août 1872

A SEPT HEURES DU MATIN.

PAR M. LOUIS-JOSEPH BOULARD

Né à Ernée (Mayenne), le 24 octobre 1849.

EXAMINATEURS :

MM. EON, GAVOUYÈRE, professeurs; DE CAQUERAY, GUÉRARD, agrégés

RENNES,
Typographie BAZOUGE fils et Cie, successeurs de M. HAUVESPRE.
Rue de Viarmes 15, et rue Lafayette, 6, maison VILLENEUVE.

1872.

A MON PÈRE. — A MA MÈRE

―――∼⚬⚬⚬∽―――

A MES PARENTS

―――∼⚬⚬⚬∽―――

A MES AMIS

―――∼⚬⚬⚬∽―――

JUS ROMANUM

DE PROVINCIALI SOLO ET DE JURE EMPHYTEUTICARIO.

Gaii, Inst., Com. II, n° 6 à 31. — Inst. Just., lib. II, tit. I, § 40 ; lib. III, tit. XXIV, § 3. — Dig., lib. VI, tit, III. — Cod. Just., lib. IV, 66.

PRIMA PARS

De provinciali solo.

PROŒMIUM

Ut in jure romano tria hominum genera vidimus : cives romani, qui in latissimo sensu jure Quiritium fruuntur ; latini qui ad civitatem romanam nonnullis modis perveniunt; peregrini qui extra jus civile manent; ita tria agrorum genera inveniuntur : ager romanus, ager italicus, fundus provincialis.

Ager romanus est ager juris civilis, qui solus per modos juris civilis acquiri potest, cujus domini ex jure Quiritium dominium habere dicuntur. Terminis circumscriptus a Servio Tullio, nunquam licet orbem terrarum oppidatim Roma invaserit, postea auctus est.

Ager italicus, jure commercii quod ei tribuitur, ad dominium ex jure Quiritium aptum videtur; agro romano similis, eosdem modos acquirendi accipit et res mancipi decernitur.

Solum autem provinciale, cui nunquam minima juris Quiritium communicatio concessa fuit, semper extra jus civile nobis apparet.

CAPUT PRIMUM.

De natura fundi provincialis.

Provinciæ quæ ex Festo, ita appellantur, quod populus romanus eas provicit, id est, ante vicit, sunt regna quæ in ditionem suam redegit populus romanus, et antiquis dominis reliquit, qui eorum tantum possessionem et usumfructum habere videntur, ea conditione ut ærario tributum, nomine vectigal, conferant.

Duo provincialium prædiorum intelliguntur genera : tributaria enim sunt aut stipendiaria. Stipendiaria sunt ea, quæ in iis provinciis sunt quæ propriæ populi romani esse intelliguntur. Tributaria sunt ea, quæ in his provinciis sunt quæ propriæ Cæsaris esse creduntur. (Inst. Just., II, tit. 1 § 40.) Priora antiquitus subjecta fuerunt, posteriora nuper in ditionem romanam venerunt.

Senatus postea in populi romani locum successit; et senatus, solo Cæsare dominante, quoque evanuit.

Provincialia prædia, aut tributaria, aut stipendiaria, sunt res nec mancipi, quæ juri civili non subjiciuntur; atque admonendi sumus nexum Italici soli proprium jus esse, provincialis soli nexum non esse; recipit enim nexus significationem solum non aliter quam si mancipi est. (Gaii, Inst. com., II, 27.)

Religiosum locum unusquisque sua voluntate facit, dum mortuum infert in locum suum (Inst. Just., II, tit. 1, 9); unde in provinciali solo videtur solum religiosum non fieri, quia in eo solo dominium populi romani est vel Cæsaris; attamen si mortuus in fundum provincialem infertur, hic fundus licet non sit religiosus, pro religioso habetur, quia etiam quod in provinciis non ex auctoritate populi romani consecratum est, quanquam proprie sacrum non est, tamen pro sacro habetur. (Inst. G., com. II, 7.)

At si quis in alieno loco, non data ad hoc opera, sed fortuito thesaurum invenerit, dimidium inventori, dimidium domino soli, naturalem equitatem secutus, concessit divus Hadrianus. Et convenienter, si quis in Cæsaris loco invenerit, dimidium inventoris, dimidium Cæsaris esse statuit. Cui conveniens est ut si quis thesaurum in fundo populi invenerit dimidium ipsius esse, dimidium ærarii.

CAPUT SECUNDUM.

Quomodo alienari potest.

Fundus provincialis, ut supra diximus, est res nec mancipi, atque adeo mancipatione alienari non potest; nam res nec mancipi ad alium per mancipationem, non transferuntur, quæ propria species alienationis est rerum mancipi.

Non potest in jure cedi; nam soli in jure cessionem recipiunt fundi qui juris civilis participes esse videntur et fundus provincialis est extra dominium ex jure quiritium.

Item provincialia prædia usucapionem non recepiunt (G. Inst. com. II, 46); nam nemo potest acquirere possessione plenam in fundo potestatem, qui non est habilis ad dominium privatum, quum sit in patrimonio populi romani aut in patrimonio Cæsaris.

Tum igitur adhibenda est traditio quæ propria est alienatio rerum nec mancipi; traditio autem, stricto sensu non est modus fundi provincialis alienandi; nam ut res alienetur, necesse est rem traditam sub privatum dominium cadere; fundus vero provincialis est aut Cæsaris aut populi.

Attamen qui fundum provincialem traditione acceperat, quum traditio sit possessionis translatio, hujus fundi possessionem acquisivisse videbatur; dominium vero manebat aut Cæsaris aut populi.

Tum prætores ad fundum, edictis provincialibus, introduxerunt non modum possessionem acquirendi, sed præscriptionem longi temporis quam postea imperatorum constitutiones sanxerunt; quaque uti potest is qui tempora constitutionibus statuta implevit, id est, qui rem per annos decem inter præsentes, vel viginti inter absentes, detinuisse

probatur. Unde qui bona fide per decem vel viginti annos provincialem fundum possedit, quamvis non ad dominium per usucapionem ve-
niat, potest tamen adversus populum vel Cæsarem præscriptionem longi
temporis opponere atque etiam actionem ad vindicandum fundum habere, si fortuito casu possessionem ejus rei perdiderit.

CAPUT TERTIUM.

Quomodo servitutes et ususfructus in fundo provinciali constituuntur.

Ut solum provinciale dominium accipere non potest, ita in illo servitutes constitui non possunt. Servitutem enim prædio imponere solus
dominus potest, pariterque a solo domino prædii constitui potest. At-
qui stipendiaria aut tributaria prædia sunt proprietas aut populi romani aut Cæsaris; igitur in agro provinciali stricto jure, nec verum dominium, nec servitutes veræ inveniuntur. Sed ut possessiones pro-
vinciales, quæ non sunt proprietas, fere ut proprietas, jure prætorio
defenduntur; ita servitutes quæ in hoc fundo jure civili non sunt, a
prætoribus introducuntur et defenduntur.

Sed hinc fundus nullum modum acquirendi juris civilis accipit, et
illinc servitutes naturali traditione aut quasi-traditione constitui non
possunt. Tum ex Gaio pactiones stipulationesque adhibendæ sunt : In
provincialibus prædiis tamen, sive quis usumfructum, sive jus eundi,
agendi aquamve ducendi, vel altius tollendi ædes aut non tollendi,
ne luminibus vicini officiatur, cæteraque jura similia constituere velit,
pactionibus et stipulationibus id efficere potest; quia ne ipsa quidem

2

prædia mancipationem aut in jure cessionem recipiunt (G. Inst.
com. II, 31.)

Quærendum est quid hoc Gaii fragmentum significet, an servitutes
et jus ususfructus tantum pactis et stipulationibus constituantur. Ego
vero, non puto. Pacta nuda dominium non alienant, nec ideo usumfructum nec servitutes. Oritur juris vinculum ex pœna stipulata. Hujus facti exmplum apud Theophilum invenimus ; duo fundorum vici-
norum domini de servitutibus constituendis consentiunt et ut hoc pac-
tum sanciatur hac stipulatione utuntur : spondesne servitutem quam
promisisti colere ? ac, si non, spondes-ne mihi dare nummorum pe-
cuniam ?

Tum servitus ab illo qui eam promisit, debetur ; fundus quidem
provincialis jure in re non oneratur ; sed possessor obligatione naturali, ut si stipulator jus in re haberet, constringitur.

Servitutes quæ sunt res incorporales veram possessionem accipere
non possunt ; atque ideo interdicta quibus prætores possessionem defendunt, stricto jure quum de servitutibus agitur adhibenda non sunt.
Ut autem jus prætorium fructuario servitutisque domino dat juris possessionem quæ dicitur quasi-possessio ; ita hanc quasi-possessionem
defendere et recuperare interdictis veluti possessoriis permittit. Imo
si quis hanc quasi possessionem amiserit, nullam habet directam in
rem actionem ad eam persequendam ; sed quia sane durum est eo casu
deficere actionem, data est a prætore actio publiciana.

CAPUT QUARTUM.

Quibus actionibus fundus provincialis sancitur.

Jure antiquo provincialis fundi possessio interdictis defensa vide-tur, quum juris civilis non sit particeps.

Sed ut supra diximus, præscriptio longi temporis data est a præ-toribus, quam constitutionibus suis imperatores sanxerunt, ex qua ac-tio possessori competit. Itaque quærendum est utrum hæc actio sit civilis an publiciana.

Publicianam hanc fuisse admittendum est; nam Ulpianus ait : in vectigalibus et in aliis prædiis quæ usucapi non possunt, publiciana competit si forte bonâ fide mihi tradita sunt. (**D**. De publiciana in rem actione, **L. XII, § 2**); et manifesto his aliis prædiis prædia stipendia-ria et tributaria indicat.

—∞—

CAPUT QUINTUM

Quomodo fundus evanuit provincialis.

Paulatim ad jus civitatis populi, sed non eodem modo, nec eodem gradu, venerant; et facto jamdudum nulla differentia inter illos erat. Tum Antonius Caracalla edixit qui in orbe romano essent, omnes cives efficerentur. Sed omnes fundos juris civilis non fecit participes.

Imperator Justinianus hunc errorem correxit et inter prædia stipendiaria et tributaria nec non et italica prædia nullam esse differen-
tiam declaravit.

SECUNDA PARS.

De jure emphyteuticario.

CAPUT PRIMUM

Quid sit emphyteusis.

Emphyteusis est contractus, solo consensu perfectus, quo res im-
mobiles alieno in perpetuum vel ad tempus longum conceduntur, sub
certa annua pensione in dominii recognitionem præstanda.

Inventa est emphyteusis ut agri inculti et steriles a cultura in pos-
erum non essent deserti. Cives qui vastos agros habebant, eos ipsi
vel per procuratores colere non poterant ; et propter grandes meliora-
tionis sumptus horum latifundiorum locatio et conductio difficilis erat.
Præterea agricolam fundo quem colebat, adhærescere oportebat : quod
effici solummodo poterat si possessio illi data esset tam longa ut im-
pensis laboreque primis frui posset. Proderat itaque emphyteusis et

domino qui conductorem inveniebat, a quo certam pensionem accipiebat, et conductori qui, dum canonem solveret, non metuebat dejectionem et sortem molestam coloni qui post finitum locationis modicum tempus, locatoris arbitrio depellitur.

Hoc locationis genus e locationibus agrorum qui ad civitates et sacerdotum collegia pertinebant, initium habuit. Agri civitatum, ait Paulus in sententiis, alii vectigales vocantur, alii non : vectigales vocantur qui in perpetuum locantur; non vectigales sunt qui ita colendi dantur, ut privatim agros nostros colendos dare solemus. Fiscus postea, ad exemplum civitatum et collegiorum, fundos fiscales simili modo colendos tradidit. Denique hoc genus locationis in agros privatos translatum est.

Ante Zenonem dubitabatur utrum venditio et emptio esset emphyteusis, an locatio et conductio. Quidam speciem emptionis esse affirmabant, quod praedium in perpetuum plerumque alienaretur et jus quoddam dominio simile transferretur ; alii contra locationem esse contendebant, propterea quod pensionem annuam contineret, et quod usus tantum non verum dominium transiret; sed penes eum qui tradidisset rem fruendam, maneret.

Attamen difficultas explicanda erat propter rei periculum : nam in venditione emptori periculum, in locatione vero locatori incumbit.

Tum lex Zenonia lata est quae emphyteuseos contractus propriam statuit naturam, neque ad locationem, neque ad venditionem inclinantem, sed suis pactionibus fulciendam (Just. Inst. III, tit. XXIV, § 3.)

Tum si de periculo rei partes conveniunt, earum conventiones pro lege habentur. Si non, periculum sicut in locatione domino incumbit, quum res omnino periit; particulare contra damnum sicut in emptione ad emphyteutam venit.

CAPUT SECUNDUM.

Quæ sint jura et obligationes emphyteutæ.

Minus juris quam domino, plus autem quam usufructuario aut locatori esse emphyteutæ vidimus; non solum enim emphyteuta re in
emphyteusin data utitur et fruitur, sed etiam nutu suo formam subs-
tantiamque rei mutare potest; dummodo depravationes aut corrup-
tiones rei non imponantur.

Possessor est emphyteuta : unde interdicta possessoria habere videtur; et quum ad bonæ fidei possessorem fructus pertineant, quoquo
modo a solo separati fuerint, sicut ejus qui vectigalem fundum habet
fructus fiunt, simul atque solo separati sunt.

Emphyteutæ jus suum vendendi facultas conceditur, sub certis con-
ditionibus : ut videlicet teneatur ipse domino testato denuntiare adesse
aliquem qui velit emere jus emphyteuticarium, et indicare quantum
ille offerat, semelque domino facere potestatem, ut si velit eodem pre-
tio rem emere et ad se recipere possit. Quod si dominus ita interpel-
latus, non esse sibi voluntatem emendendi declaret, aut intra duos
menses post factum denuntiatum sileat, tum demum emphyteutæ li-
bere neglectoque consensu domini, jus suum transferre in quemcumque
alium idoneum et capacem poterit. Hocque casu domino, a novo emphyteuta laudemium, hoc est, quinquagesima pars pretii vel æstima-
tionis rei, solvitur.

Præcipua maximaque emphyteutæ obligatio est canonem annuum
tempore designato domino solvere, etiamsi detrimenta acciperet,
quibus tamen non lædatur rei substantia; unde sterilitatem, aliosque

casus fortuitos remissionem canonis non operari agnoscendum est, quia hæc damna rei substantiam non lædunt.

Ut paterfamilias fundo frui debet emphyteuta, et tributa atque omnia onera quæ præstantur a re, vel occasione rei, solvere tenetur; sicut refectiones non modo modicas, sed etiam magnas sustinet.

CAPUT TERTIUM

Quibus modis constituatur emphyteusis.

Ab alio quam domino emphyteusis non recte constituitur, nam nemo plus juris in re quaque ad alterum transferre potest, quam ipse habet.

Tribus modis emphyteusis constitui potest: ultima voluntate, præscriptione et pactionibus.

Ultima voluntate recte constituitur, duobus principaliter concurrentibus: primum est, si quis per testamentum vel codicillum, cuipiam rem immobilem, sub annua pensione heredi præstanda, utendam fruendam concedat; alterum, si legatarius dixerit, sibi legatum et pensionem constitutam placere, quia nemo invitus potest obligari.

Præscriptione acquiritur adhuc emphyteusis, si quis fundum quemdam a non domino in emphyteusin acceperit, vel licet non acceperit, tamen illum ut emphyteuticum (præstando scilicet quotannis ipsi domino fundi canonem) per triginta vel quadraginta annos possiderit.

Pactionibus denique emphyteuticum jus constituitur, si de re in emphyteusin danda inter dominum et emphyteutam convenit ut prædium emphyteuta ad tempus vel in perpetuum ad fruendum acci-

peret, idque excoleret et domino quotannis certam pensionem solveret.

CAPUT QUARTUM.

Quomodo extinguatur.

Inter causas ob quas emphyteuta emphyteusi dejicitur, præcipua
fere est canon inter triennium non solutus.

Amittit quoque jus suum emphyteuta si dolo, culpa lata aut levi
rem emphyteuticariam deteriorem insigniter fecerit; nam res illi datur ut eam excolat et meliorem faciat.

Totius fundi emphyteutici interitu resolvitur jus emphyteutæ.

Emphyteusis ad certum et præfinitum tempus constituta, eo elapso,
ad dominum concedentem revertitur.

Confusione etiam finitur aut si domino apochas fiscales tempore de-
bito non reddiderit emphyteuta.

Indubitata denique sane conclusio est emphyteutam qui irrequi-
sito domino et sine denuntiatione præfata, rem vectigalem aut emphyteuticariam alienavit, jure suo cadere.

CAPUT QUINTUM

Quæ actiones emphyteusin sanciant.

Apud veteres, sive emphyteusis emptio–venditio, sive locatio–conductio existimabatur, actio empti aut actio locati dabatur emphyteutæ.

Sed ex constitutione Zenonis, ex contractu emphyteuseos actio propria et specialis, nimirum emphyteutica vel emphyteuticaria, emphyteutæ competit, adversus quemlibet rei possessorem.

Datur illi ad exemplum verorum dominorum rei vendicatio, non quidem directa, quippe quæ veris duntaxat, sed utilis tantum, quæ quasi dominis tribui solet.

Tribuuntur præterea emphyteutæ actiones et interdicta quæ possionem defendunt.

3

DROIT FRANÇAIS

DU DOMAINE PRIVÉ DE L'ÉTAT.

PREMIÈRE PARTIE

Du domaine de l'Etat dans l'ancien Droit.

§ 1. — *Sous la période royale.*

Dans l'ancienne monarchie le domaine de la couronne, au lieu d'être regardé comme une branche du domaine national, était l'expression générique qui servait à désigner toutes les parties du domaine, et comprenait par conséquent ce que nous appelons aujourd'hui le domaine public et le domaine de l'Etat. Il y avait identité par suite de la confusion de la souveraineté et de la propriété entre le domaine de l'Etat en général et le domaine de la couronne.

Le roi de France disposait du patrimoine de l'Etat comme de sa chose, sans limite et sans contrôle, il en concédait à ses fidèles, sous le nom de bénéfices, des portions considérables ; ou bien il le gardait pour en jouir lui-même en pleine propriété.

Le domaine de la couronne était corporel ou incorporel.

Le domaine corporel se subdivisait à son tour en grand et en petit domaine.

Le grand domaine consistait dans les seigneuries ayant justice, les duchés, les marquisats, les principautés et leurs mouvances ; les ordonnances de Louis XIV de 1669 et 1681 attribuèrent aussi au roi les forêts royales, les chemins publics, les fleuves et les rivages de la mer.

Quant au petit domaine il se composait d'objets détachés qui ne constituaient pas un corps de seigneurie, comme des bois, des fours, des moulins, des prés.

Le domaine incorporel comprenait des droits dont les uns étaient féodaux par leur origine, les autres régaliens. Ainsi les droits d'amortissement, de bâtardise, d'aubaine, avaient été pris par le domaine de la couronne dans le régime féodal ; les droits d'anoblissement, de confiscation, de deshérence, de contrôle, au contraire, avaient été puisés dans le pouvoir inhérent à la royauté.

Le domaine si essentiel à la monarchie ne pouvait être soumis aux règles ordinaires ; aussi les biens qui le composaient furent-ils mis hors du commerce, mais à partir de quelle époque ? Les uns ont prétendu avec Mézeray que l'inaliénabilité date du commencement de la monarchie ; d'autres avec Cujas en ont fait un principe du droit des gens. Mais quelle que soit l'origine de cette règle, il est certain quelle fut souvent violée et qu'il y a peu d'institutions qui aient nécessité d'aussi fréquentes et d'aussi infructueuses dispositions législatives. Aussi le rapporteur du comité des domaines à l'Assemblée Constituante a-t-il pu dire avec raison: « la législation des domaines est l'histoire des efforts faits par les rois pour les dissiper et les reprendre.

C'est ainsi que nous voyons en 1318 Philippe-le-Long révoquer les aliénations postérieures à saint Louis ; et en 1484 une déclaration de Charles VIII révoque toutes les aliénations qui ont été faites, malgré et depuis l'ordonnance de Charles VI portant qu'à l'avenir les terres du domaine national ne pourraient être aliénées à perpétuité. François 1er lui même, qui pourtant avait rendu un édit plus explicite encore que les précédents, signait un grand nombre de déclarations, de lettres patentes, autorisant des aliénations du domaine de la couronne.

Cependant cette dilapidation générale était l'objet constant des réclamations des états généraux ; et en 1566, sur la demande des états de Moulins fut rédigée par le chancelier L'hôpital, cette célèbre ordonnance qui érigea définitivement en principe la maxime jusque là équivoque de l'inaliénabilité du domaine de la couronne.

Cette ordonnance ne produisit pas immédiatement les heureux résultats qu'on en attendait, à cause des malheurs du temps qui exigeaient l'emploi de toutes les ressources et aussi à cause de la faiblesse des rois qui ne savaient pas résister aux sollicitations de leurs courtisans.

Du reste des exceptions furent apportées au principe. Elles sont au nombre de quatre et se réfèrent au petit domaine, aux biens engagés, à l'échange et aux apanages.

C'est l'édit de 1708 qui a permis l'aliénation d'une manière irrévocable des biens du petit domaine.

L'engagement avait lieu pour subvenir aux frais de la guerre ; il ne pouvait s'effectuer que sous trois conditions : il devait être fait en deniers comptants, fondé sur lettres patentes enregistrées par le parlement, et consenti sous la condition de rachat perpétuel.

L'échange avait été permis d'après cette double considération que l'on reçoit toujours à peu près ce que l'on perd, et que, dans certains cas, il peut avoir de grands avantages. Du reste des mesures spéciales propres à rendre toute fraude difficile, furent édictées en 1711.

Les apanages ont été constitués pour fournir aux puinés de France, lorsque le partage des états du roi n'eut plus lieu entre ses enfants après sa mort, un établissement convenable qui leur permît de soutenir l'éclat de leur rang.

Jusqu'à Louis VIII ils se transmettaient sans distinction de sexe ni de primogéniture, suivant la loi ordinaire des successions; mais à partir de cette époque ils devinrent des fiefs masculins, reversibles à la couronne à défaut d'héritiers, mâles. Enfin Charles V rendit une ordonnance par laquelle il déclarait que, pour éviter à l'avenir les démembrements qui avaient affaibli la couronne, les apanages consisteraient désormais dans une pension annuelle et pécuniaire; mais ce principe passa dans la doctrine sans être réalisé dans les faits et ce ne fut qu'en 1790 qu'il reçut son application absolue.

Une deuxième règle relative au domaine, non moins essentielle que la première, c'était la dévolution des biens du prince au domaine, lors de son avénement au trône de France.

Tous les biens que le prince possédait à quelque titre que ce fût, de prince apanagiste ou de propriétaire de son chef, étaient réunis au domaine par le seul fait de son avénement et l'effet de cette union était perpétuel et irrévocable.

Henri IV, à l'exemple de Louis XII qui, abusant de la faiblesse du parlement, avait pu soustraire son domaine à la loi de dévolution, essaya aussi par lettres patentes de faire déclarer son vaste domaine indépendant de celui de la couronne; mais le parlement s'y refusa constamment. Alors devant son énergique résistance, le roi comprit l'inopportunité de ses réclamations et il rendit un édit par lequel il révoquait ses premières lettres patentes.

§ 2. — Sous la période révolutionnaire.

A cette époque le domaine de la couronne est devenu le domaine national: dénomination nouvelle rendue nécessaire par le changement qui s'est opéré dans la constitution politique du pays; la souveraineté de la nation a en effet remplacé la souveraineté du roi.

Le domaine national comme le domaine de la couronne était corporel ou incorporel.

Le domaine corporel comprenait : l'ancien domaine de la couronne; les objets non susceptibles, de propriété privée (chemins publics, fleuves, etc.) Les biens vacants et sans maître, les successions en déshérence ; les fortifications des villes déclarées places de guerre et les anciens murs, fossés et remparts de celles qui ne le sont plus;

Quant au domaine incorporel il a subi de nombreuses modifications: les droits qu i prenaient leur source dans le régime féodal et ceux qui étaient empreints du caractère de la royauté absolue ont disparu ; il ne reste plus que le droit de déshérence, celui d'occupation des objets sans maître et de plus celui de ressaisir les domaines engagés ou apanagés.

Mais une révolution bien plus profonde s'est opérée dans les fondements même du domaine : le principe de l'inaliénabilité a disparu pour faire place à celui de l'aliénabilité et de la prescriptibilité. On excepta toutefois les grandes masses de forêts, les salines de l'état, les édifices consacrés à un service public, les terrains militaires qui restèrent inaliénables.

Le besoin d'acquitter les dettes écrasantes dont l'Etat était alors surchargé et le désir de diviser et de mobiliser les vastes possessions du clergé, telles furent les raisons qui portèrent l'assemblée à opérer un changement si radical ; puis, en outre, le domaine résidant désormais dans la nation, on n'avait plus à craindre la faiblesse du roi et la cupidité des courtisans.

Les efforts de l'assemblée tendirent surtout à faire rentrer dans le domaine national les biens nombreux qui en avaient été détachés sous l'ancienne monarchie et qui constituaient un des abus les plus graves auxquels elle fût chargée d'apporter remède.

Dans son décret du 22 novembre 1790, elle proclama que les biens engagés ou acquis postérieurement à l'ordonnance de 1566, feraient retour au domaine de l'Etat, sous l'obligation imposée au trésor de rembourser la somme prêtée ou le prix d'achat, et en auto-

risant les détenteurs à se maintenir en possession jusqu'au remboursement.

Les domaines échangés furent soumis à un examen sévère et tous
ceux pour lesquels les formes légales n'avaient pas été remplies ou
qui cachaient un titre gratuit, furent annulés.

Une loi du 10 Frimaire, an II, ordonna à l'administration de
l'enregistrement et des domaines de se mettre immédiatement et sans
remboursement en possession des biens aliénés ou échangés ; mais,
sur les vives réclamations que souleva une mesure aussi exorbitante,
une nouvelle loi fut rendue le 14 Ventôse, an VII, qui tout en main-
tenant la révocation des aliénations et engagements, donnait aux
aliénataires le moyen de rester propriétaires incommutables, en s'en-
geant à payer le quart de la valeur des biens qu'ils détenaient.
Mais leur situation n'a été définitivement régularisée que par la loi
de 1820 qui leur accordait une prescription de trente ans à partir de
la loi de l'an VII.

. Quant aux trois seuls apanages qui existaient encore et qui étaient
ceux de Monsieur, depuis Louis XVIII, du comte d'Artois, depuis
Charles X ; et duc d'Orléans, depuis Louis-Philippe Ier, l'assemblée fit
rentrer les biens qui les composaient dans le domaine national et les
remplaça par des rentes apanagées qui furent à leur tour suppri-
mées par la convention.

DEUXIÈME PARTIE

CHAPITRE I.

Définition et division.

Le domaine national, dans le sens le plus étendu est la réunion de tous les biens corporels ou incorporels, meubles ou immeubles affectés à des titres divers, à l'universalité de la nation française. Il se divise en deux parties qu'il faut bien se garder de confondre : le domaine public et le domaine privé de l'Etat.

Le domaine public embrasse toutes les choses qui ne sont pas susceptibles de propriété privée, qui sont à l'usage de tous, dont l'Etat n'a que l'administration et la surintendance.

Le domaine privé de l'Etat comprend l'ensemble des biens, meubles ou immeubles qui sont la propriété privée de l'Etat, considéré comme personne civile.

Le domaine de la couronne formait autrefois une division du domaine national ; mais par suite des changements politiques survenus depuis deux ans, il a disparu, et les biens qui le composaient sont aujourd'hui réunis au domaine privé de l'Etat.

Les conséquences de la distinction du domaine public et du domaine de l'Etat sont importantes et à l'égard de l'Etat et à l'égard des individus.

4

Le droit de l'Etat sur le domaine public s'exerce par un pouvoir d'administration, de surveillance, d'entretien, dans l'intérêt de tous et afin que chacun puisse en jouir librement, tandis que son droit sur le domaine de l'Etat proprement dit, est celui du propriétaire.

Le domaine public est réparti entre les divers ministres en raison de la nature des services compris dans le département attribué à chacun d'eux ; le domaine privé, au contraire, est sous la dépendance exclusive du ministre des finances.

Le domaine public et toutes ses dépendances sont frappés d'une indisponibilité absolue et par suite inaliénables et imperscriptibles ; les biens du domaine privé sont au contraire aliénables et prescriptibles.

La loi impose au profit des biens du domaine public sur les propriétés voisines, des servitudes fondées sur l'intérêt général, tels sont les chemins de halage, les servitudes résultant du voisinage desgrandes routes, etc. ; les biens du domaine de l'Etat n'ont que les droits ordinaire de voisinage.

CHAPITRE II.

Composition du domaine privé de l'Etat.

Les biens dont se compose ce domaine ne sont pas affectés à l'usage de tous et sont parfaitement susceptibles de propriété, aliénables et prescriptibles.

Il est composé d'éléments de même nature que ceux qui compose le patrimoine des particuliers.

I. La partie immobilière comprend :

1° Des hôtels, maisons, fermes, domaines ruraux dont l'Etat tire des revenus en les affermant ;

2° Des sources d'eaux minérales, au nombre de six : Vichy, Bourbon-l'Archambault, Nééris, Bourbonne, Provins et Plombières.

3° Des forges, salines et mines de sel gemme;

4° Des îles, ilots et atterrissements formés dans le lit des rivières navigables et flottables.

L'île est un atterrissement qui se forme au milieu du lit d'un fleuve ou d'une rivière et qui présente une certaine étendue susceptible de culture.

L'îlot est un atterrrissement qui ne peut être cultivé à raison de son peu d'étendue.

Les atterrissements doivent s'entendre des alluvions produites par l'abaissement du niveau de la rivière sur une partie de son lit, ou par l'exhaussement d'une portion de son lit au-dessus du niveau de l'eau.

5° Le sol des routes nationales, lorsqu'elles ne sont plus affectées à l'usage public et sont délaissées.

6° Les lais et relais de la mer, qu'il ne faut pas confondre avec les rivages qui font partie du domaine public.

Les lais et relais ne sont pas recouverts par le flot ; les lais sont plus spécialement les alluvions qui se forment sur les propriétés riveraines, et les relais, les terrains que l'eau abandonne en se retirant.

8° Les bois et forêts de l'Etat.

II. La partie mobilière comprend :

1° Le mobilier et le matériel des administrations, établissements et services entretenus par l'Etat.

2° Le matériel de l'imprimerie nationale.

3° Les livres manuscrits, gravures et autres objets renfermés dans les bibliothèques appartenant à l'Etat.

4° Les pièces et documents de tous genres contenus dans les archives nationales.

5° Les papiers et registres des différentes administrations.

6° Les objets d'art et de science renfermés dans les musées entretenus par l'Etat.

7° Les armes, navires de l'Etat, effets d'habillement, et toutes les matières premières et fabriquées, au service des armées de terre et de mer ou déposées dans les arsenaux de l'Etat.

III. La partie incorporelle comprend :

1° Le droit de pêche dans les fleuves et rivières navigables ou flottables.

2° Les droits de bacs et bateaux de passage.

3° Les droits de navigation ou de péage sur les rivières et sur les canaux.

4° Les droits de péages sur les ponts.

5° Les droits de péages pour la correction des rampes sur les routes nationales et départementales.

6° Le droit de chasse dans les forêts nationales.

CHAPITRE III.

Des modes d'acquisition du domaine de l'Etat.

L'Etat acquiert par des moyens qui lui sont propres et aussi, mais avec certaines formes spéciales, par les moyens du droit commun.

Parmi les premiers se rencontrent d'abord la conquête et l'annexion qui étaient autrefois la source du domaine extraordinaire, et qui depuis l'abolition de ce domaine par la loi de 1832, sont des modes d'acquisition exclusivement applicables à l'Etat.

L'Etat acquiert les biens vacants et sans maître ; mais cette règle, n'est applicable qu'aux immeubles.

Les épaves qui viennent du fond de la mer appartiennent pour deux tiers à l'Etat et pour l'autre tiers à celui qui en a fait le sauvetage ; quant à celles qui viennent du cru de la mer, telles que l'ambre, le corail, les algues, elles appartiennent au pêcheur. Les épaves des fleuves sont vendues par les soins de l'administration, et le prix en provenant appartient à l'Etat, s'il n'est pas réclamé dans les deux mois.

D'après la loi du 31 janvier 1833, les sommes versées aux caisses des agents des postes, pour être remises à destination, sont acquises à l'Etat, si elles ne sont pas réclamées dans les huit années à partir de leur versement.

Aux termes d'un décret du 13 août 1810, les effets confiés aux entrepreneurs de transport doivent, s'ils ne sont pas réclamés dans les six mois, être remis aux préposés de l'enregistrement qui les font vendre aux enchères, et l'argent en provenant est attribué à l'Etat, s'il n'a pas été réclamé par qui de droit dans les deux ans.

L'ordonnance du 22 février 1829 porte que tous les objets mobiliers déposés dans les greffes et geôles, à l'occasion de procès civils et criminels, doivent être vendus par les soins de l'administration des domaines, et le prix en provenant attribué à l'Etat.

Le paiement des amendes en matière criminelle et aussi certains objets dont les tribunaux prononcent la confiscation spéciale, sont dévolus à l'Etat.

L'Etat acquiert encore les successions en déshérence ; ce qui a donné lieu à ce brocard que l'Etat est le cousin de tout le monde.

Enfin le domaine de l'Etat acquiert de plein droit les biens du domaine public qui perdent leur affectation à l'usage de l'universalité des citoyens.

Mais ici se présente une question vivement controversée. La désaffectation doit-elle toujours être expresse, ou peut-elle n'être que tacite ? Il faut admettre que le non usage nettement caractérisé suffit. En effet, l'affectation d'un fonds à un service public est un fait extérieur ; si ce fait vient à cesser complétement, il n'y a plus d'affectation réelle à l'usage de tous ; point n'est besoin de déclaration expresse à cet égard. L'imprescriptibilité du fonds naissait de son incorporation au domaine public ; dès que la cause d'incorporation a cessé, l'effet a dû cesser également. On nous objectera peut-être qu'il est difficile, par exemple, d'établir que personne n'a passé sur une route depuis tant d'années. A cela nous répondrons que c'est une question de preuve et que, si laborieuse qu'elle puisse être faite, elle existe cependant.

L'Etat, avons-nous dit, acquiert aussi par les moyens du droit commun, à titre gratuit ou à titre onéreux, en observant certaines formalités ou conditions qui sont prescrites pour compléter sa capacité.

Les acquisitions à titre onéreux, d'après le décret du 13 août 1861 peuvent être faites par le préfet, quand elles ne dépassent pas 25,000 fr ; au-delà de ce chiffre l'acquisition doit être faite par le ministre ; mais alors dans ce cas, une loi est-elle nécessaire pour valider l'acquisition ? Non, tant que le ministre agit dans la mesure des sommes dont il dispose.

Les dons ou legs faits à l'Etat, qu'il s'agisse de meubles ou d'immeubles, que la famille du donateur réclame ou ne réclame pas, que la donation et le legs soient faits purement et simplement, ou qu'ils soient grevés de charges et affectations, ne peuvent être acceptés qu'en vertu d'une autorisation donnée en conseil d'Etat par le chef du pouvoir exécutif.

L'Etat peut aussi acquérir par voie d'échange ; mais ici une loi est toujours nécessaire ; car si ce mode renferme une acquisition il renferme aussi une aliénation ; et alors, pour sauvegarder les intérêts de l'Etat, une loi intervient pour le consentir.

Enfin les particuliers pouvant prescrire contre l'Etat, il faut en conclure que l'Etat peut aussi prescrire contre eux.

CHAPITRE IV.

De la gestion du domaine de l'Etat.

L'administration des biens de l'Etat, sauf celle des bois et forêts, régie spécialement par l'administration des eaux et forêts, a été confiée par la loi du 28 octobre 1790 à la régie de l'enregistrement ; mais celle-ci ne peut ni par elle-même, ni par des préposés quelconques, régir aucun des biens domaniaux ; elle est tenue de les affermer tous. Le bail, en effet, a l'avantage de donner au trésor des ressources fixes, déterminées d'avance ; d'un autre côté, la régie est compliquée et ruineuse ; puis il fallait éviter les abus inséparables d'une gestion confiée à des préposés, toujours difficiles à surveiller ; enfin, l'assemblée constituante a surtout considéré que les propriétés foncières, livrées à une administration générale, sont frappées d'une sorte de stérilité, tandis que dans les mains de propriétaires actifs et vigilants, elles deviennent plus productives.

Les baux faits par l'Etat ont pour objet soit les immeubles qui font partie du domaine national, soit de simples droits tels que les droits de pêche dans les cours d'eau du domaine public, les droits de chasse dans les forêts nationales.

Ces divers baux sont soumis à des règlements particuliers. sauf l'application des règles du droit commun, lorsque les réglements n'y dérogent pas. Parmi les dérogations, quelques-unes méritent d'être signalées, elles sont contenues dans les art. 14, 15. 19 et 21 de la loi du 28 octobre 1790.

D'après l'art. 14, le ministère des notaires n'est nullement requis pour la passation de ces baux qui emportent hypothèque et exécution parée.

Dans l'art. suivant la loi déclare que le preneur peut, quoiqu'il ait un bail authentique, être expulsé en cas de vente; seulement il aura le droit de terminer la période triennale commencée.

L'art. 19 porte qu'aucune diminution de prix ne pourra être demandée pour quelque cause que ce soit, même pour inondation, gelée, grêle, stérilité ou autres cas fortuits. Les adjudicataires n'ont point à se plaindre de ces rigueurs, puisqu'ils ont dû les prendre en considération.

Enfin, aux termes de l'art. 21, l'adjudicataire est tenu de fournir une caution solvable et domiciliée dans le département ; s'il ne fournissait pas cette caution, le bail serait considéré comme non avenu et on procéderait à la folle enchère, aux risques du premier preneur qui serait responsable de la diminution du prix de bail.

Les baux des biens de l'Etat qui ont lieu à la poursuite de l'administration de l'enregistrement et des domaines, devant le sous-préfet ou sur sa délégation devant le maire, peuvent se faire de deux manières : par adjudication, ou à l'amiable.

Le bail par adjudication se fait aux enchères publiques au profit du plus offrant, sur un cahier de charges dressé par les soins des préposés de la régie, après des publications et affiches ayant pour but de provoquer une concurrence aussi grande que possible, dans l'intérêt du trésor public. Le procès-verbal d'adjudication est signé par celui qui a présidé à l'opération et par les adjudicataires présents, s'ils savent signer, et alors il constitue un titre authentique.

La location amiable peut être consentie par le préfet en conseil de préfecture, toutes les fois que le prix de bail n'excède pas 500 fr. Au dessus de ce chiffre l'autorisation est donnée par le ministre des finances.

Nous avons vu que, d'après l'art. 14 de la loi du 28 octobre 1790, le procès-verbal d'adjudication emporte hypothèque. L'interprétation de cet article a donné lieu à différents systèmes.

Dans un premier système enseigné par M. Troplong, on prétend que cet article a été abrogé par la loi de brumaire an VIII qui, en établissant de nouveaux principes, a expressément abrogé toutes lois coutumes et usages antérieurs sur la constitution des hypothèques.

D'après une deuxième opinion, qui a pour auteur M. Duranton, l'art. 14 n'a point été abrogé ; seulement l'hypothèque dont il s'agit, ne peut produire son effet vis-à-vis des tiers que du jour de l'inscription.

Enfin dans un troisième système auquel se rallient aujourd'hui un grand nombre d'auteurs, on enseigne que l'état n'a point à compter sur une hypothèque légale, mais qu'une hypothèque conventionnelle peut être constituée à son profit dans le bail. Le but de la loi en effet dans cet art. 14, était d'assimiler le procès-verbal d'adjudication à l'acte notarié qui alors emportait, comme les jugements, une hypothèque générale sur les biens du débiteur. Il faut donc admettre que le changement apporté dans la suite au régime du notariat, relativement aux constitutions d'hypothèques s'applique au procès-verbal d'adjudication qui, dans la pensée du législateur, devait avoir les mêmes effets que l'acte notarié ; et conclure que ce procès-verbal n'emporte plus hypothèque générale, mais que les parties peuvent valablement y stipuler une hypothèque conventionnelle.

5

CHAPITRE V.

Des modes d'aliénation du domaine de l'Etat.

Le domaine privé de l'Etat est aliénable de trois manières : par vente, par échange et par concession.

§ 1. — *Vente.*

En principe la vente des domaines de l'Etat ne peut avoir lieu qu'en vertu d'une loi : telle est la règle posée par l'assemblée constituante dans sa loi du 1er décembre 1790. Mais des dérogations y ont été apportées dans la pratique et nous voyons à différentes époques le pouvoir législatif déléguer au pouvoir exécutif le droit qui lui appartenait de permettre des ventes de biens nationaux. Ces dérogations sont contenues dans la loi du 16 brumaire an V, et surtout dans les lois des 15 et 16 floréal an X, qui déclarent en termes exprès que les biens non réservés continueront à être vendus aux enchères ; et cette pratique semblait même avoir reçu l'approbation législative, puisque les lois de finances avaient sans observation fixé l'emploi des sommes provenant de ces ventes et que les lois de comptes ne contenaient aucune disposition qui relevât l'irrégularité de ces aliénations. Enfin la loi du 18 mai 1850 déclara que les lois des 15 et 16 floréal an X, continueraient d'être observées.

Cependant des voix puissantes s'étaient élevées contre cette infraction à la règle formelle posée dans la loi de 1790 ; alors en 1864 une loi fut présentée au corps législatif, et votée par lui, d'après laquelle les immeubles domaniaux d'une valeur estimative supérieure à un million, autres que ceux dont l'aliénation est régie par des lois spéciales, ne peuvent être vendus même partiellement ou par lots qu'en vertu d'une loi.

La vente d'un immeuble domanial peut se faire de trois manières : par soumission cachetées, au rabais ou au plus offrant ; mais quel que soit le mode que l'on emploie, quelle que soit la valeur de l'immeuble à aliéner, la vente doit toujours être faite aux enchères publiques. La mise en vente est précédée d'une estimation faite par un expert sur le pied d'un capital égal à vingt fois le revenu pour les immeubles ruraux et à douze fois pour les maisons et bâtiments. Des affiches rédigées par le directeur de l'enregistrement et soumises à l'approbation du préfet sont apposés de quinzaine en quinzaine et indiquent les biens à vendre ainsi que la mise à prix ; ce n'est qu'un mois après la dernière publication qu'il peut être procédé à l'adjudication aux enchères, conformément à un cahier de charges approuvé par le ministre des finances. Cette adjudication à laquelle ne peuvent prendre part les personnes notoirement insolvables, doit être présidée par le préfet, assisté du directeur des domaines ; mais quand la valeur estimative de l'immeuble est inférieure à 500 fr., et même au dessus de ce chiffre avec autorisation du ministre, le préfet peut déléguer son pouvoir au sous-préfet ou au maire.

Un des effets particuliers de la vente d'un immeuble domanial est de le purger de toutes les hypothèques, rentes ou dettes pesant sur lui et d'en transférer la propriété d'une manière absolue, même à l'égard des tiers, sans qu'il soit besoin d'aucune transcription ; dérogations faciles à justifier : la première par cette raison que l'état étant toujours solvable, ses créanciers n'ont pas besoin d'hypothèque, la seconde par ce motif que la grande publicité qui entoure la vente en rend la transcription complétement inutile.

Pour le paiement du prix, il faut se reporter aux clauses du cahier des charges. Si rien n'a été stipulé à ce sujet, le prix est payable dans le mois lorsqu'il n'excède pas 1000 fr., au dessus de ce chiffre la somme est divisée en cinquièmes dont le premier est payable dans le mois et les autres d'année en année. Les quatre derniers cinquièmes du prix portent intérêt à cinq pour cent, et le premier seulement à partir de l'expiration du mois qui suit l'adjudication.

En cas de retard dans les paiements l'administration peut user des voies de contrainte du droit commun. Elle a de plus, d'après la loi du 15 floréal an X, le droit de provoquer la déchéance de l'acquéreur si celui-ci ne s'est pas libéré dans la quinzaine de la contrainte à lui signifiée, et alors il est tenu de payer, par forme de dommage intérêts, une amende égale au dixième du prix de l'adjudication, s'il n'a encore rien payé, et au vingtième s'il a délivré un ou plusieurs à-comptes, le tout sans préjudice de la restitution des fruits. Cette déchéance prononcée par le préfet ne peut être mise à éxécution qu'un mois après la notification de l'arrêté de déchéance aux parties intéressées et après avoir reçu l'approbation du ministre. Les parties ont un recours devant ce dernier et en conseil d'Etat par la voie contentieuse.

L'administration peut aussi vouloir faire tenir le contrat et alors elle a le droit de saisir et de discuter les biens de l'adjudicataire, ou de faire vendre l'immeuble pour être colloquée sur le prix par préférence. Elle a du reste d'autres garanties bien suffisantes : ainsi le préfet a le droit d'exiger une caution des adjudicataires qui lui paraissent insolvables ; et en outre ce qui reste dû, en cas de retard, tant en principal qu'intérêts, après chaque échéance fixée par le contrat, porte intérêt à cinq pour cent par an jusqu'au jour de l'acquittement.

Quant à la vente des meubles domaniaux, elle peut se faire régulièrement sans l'intervention du pouvoir exécutif, car ce n'est qu'un acte de gestion. Elle est faite au nom du ministre par les préposés de la régie de l'enregistrement et des domaines. Si le résultat des enchères n'est pas satisfaisant, l'administration peut surseoir à la vente. Cette vente se fait au comptant sans garantie, et avec le capital du prix l'adjudicataire doit verser sept pour cent dans les caisses du trésor, à titre de frais.

§ 2. — De l'échange.

L'échange, ne présentant pas les mêmes garanties que la vente, puisqu'il n'admet pas la concurrence, ne peut et ne devait avoir lieu qu'en vertu d'une loi.

C'est l'ordonnance de 1827 qui a déterminé les formalités à remplir, formalités analogues, du reste, à celles que l'ancienne législation avait exigées. La demande d'échange est adressée au ministre des finances avec les titres de propriété et une déclaration authentique des charges servitudes et hypothèques dont est grevé l'immeuble offert en échange. Si le ministre est d'avis d'y donner suite, il renvoie la demande au préfet, et c'est après avoir entendu son avis et celui du directeur des domaines qu'il décide, s'il y a lieu, à faire l'échange, et les conditions en sont fixées d'après une expertise. Un projet de loi est ensuite préparé et le contrat ne devient définitif que quand la loi spéciale a été rendue, après toutefois que la main-levée ou la radiation des hypothèques existant au jour du contrat aura été régulièrement faite.

Cette loi ne fait qu'approuver un contrat administratif dont elle ne change pas le caractère en l'homologuant ; elle ne peut donc nuire aux tiers et par conséquent, faire obstacle à ce que ceux-ci, revendiquant tout ou partie de la propriété des immeubles échangés, puissent se pourvoir par les voies de droit, devant les tribunaux ordinaires.

Une seule exception existe en matière d'échange : elle est relative aux portions de terrains dépendantes d'anciennes routes ou chemins et devenues inutiles par suite de changement de tracé, lesquelles peuvent être cédées par l'administration, sur estimation contradictoire, à titre d'échange et par voie de compensation du prix, aux propriétaires des terrains sur lesquels les parties de routes neuves devront être exécutées. Seulement lorsque les terrains abandonnés dépendaient d'une route nationale, l'acte de cession doit être soumis à l'approbation du ministre.

§ 3. — De la concession.

La concession est un mode d'aliénation éminemment propre au droit administratif, par lequel l'Etat abandonne à une personne déterminée la propriété ou la jouissance perpétuelle ou temporaire, soit d'une portion du domaine, soit d'une chose qui n'appartient à personne. C'est un contrat de gré à gré qui se fait soit à titre gratuit, soit à titre onéreux, et qui ressemble tantôt à la vente, tantôt à la donation. L'Etat y a recours lorsqu'il y voit un moyen de mettre en valeur des biens improductifs, ou encore il prend ce parti pour des terrains dont la revendication par le domaine jetterait la pertubation au milieu de détenteurs nombreux et anciens.

La concession de même que l'échange et pour les mêmes motifs ne peut avoir lieu qu'en vertu d'une loi spéciale. Mais de nombreuses exceptions ont été faites à ce principe.

Ainsi l'art. 41 de la loi du 16 septembre 1807, porte que le gouvernement concédera aux conditions qu'il aura réglées, les marais, lais et relais de la mer, les droits d'endiguements, etc., quant à ceux de ces objets qui forment propriété publique ou domaniale ; la même loi l'autorise aussi à concéder aux propriétaires riverains de la voie publique les terrains abandonnés par suite d'alignements.

De même la loi du 20 mai 1836 a autorisé le gouvernenement à concéder aux détenteurs sur estimation contradictoire et aux conditions qu'il aura lui-même réglées, les terrains usurpés sur les rives des forêts domaniales, non prescrits par le possesseur et que l'Etat a le droit de revendiquer.

Mais que la concession soit intervenue avec le concours spécial du pouvoir législatif, ou en vertu d'une délégation plus ou moins générale de la loi, la nature de l'acte est toujours la même : c'est un acte qui est propre à l'administration et auquel le droit civil reste étranger. Par conséquent, la jurisprudence est fondée à réserver à l'autorité administrative l'appréciation et l'interprétation des actes de concession.

CHAPITRE VI.

Des actions domaniales

Ici deux questions à résoudre : quelle est l'autorité compétente, quel fonctionnaire a qualité pour exercer l'action et dans quelle forme doit-elle l'être ?

§ 1. — *Quelle autorité est compétente.*

D'après la loi du 28 pluviose, an VIII, les conseils de préfecture sont investis du droit de prononcer sur le contentieux des domaines nationaux ; et aucun texte n'étant venu abroger cette loi, on en a conclu qu'elle devait encore aujourd'hui recevoir son application. Mais il faut tenir compte des considérations politiques qui ont présidé à sa rédaction ; il s'agissait, en effet, de la vente des biens du clergé et des émigrés, et l'on craignait qu'un corps indépendant ne se refusât à sanctionner ces ventes.

Mais ces raisons ont disparu, et il ne s'agit ici que de l'Etat propriétaire à titre de simple particulier ; or, en règle générale, toute dis-
cussion sur des questions de propriété, de possession, de servitudes,
appartenant aux tribunaux civils, une juridiction exceptionnelle est complétement inutile. Mais si la contestation porte sur l'interprétation à donner aux clauses nées du contrat, alors il faut recourir à la juridiction administrative ; et dès que les raisons qui ont déterminé l'attribut au conseil
de préfecture cessent, la juridiction ordinaire doit reprendre son em-
pire. Dans les adjudications de biens domaniaux, l'Etat ne figure pas
comme souverain, ou comme administrateur ; il remplit le rôle d'une
personne privée et doit dès lors être soumis à la loi commune.

Quand il s'agit des baux administratifs, la compétence ordinaire
s'étend même à leur interprétation ; c'est qu'en effet jamais dans ce cas
la difficulté ne peut toucher aux droits réels de l'Etat ; il existe toutefois une exception à cette règle, c'est lorsqu'il s'agit des établissements
thermaux qui appartiennent à l'Etat.

Quoiqu'une loi soit nécessaire pour la validité de l'échange, il n'en
reste pas moins un contrat de droit commun, dont l'interprétation et
l'application appartiennent aux tribunaux ordinaires.

Quant à la concession, comme nous l'avons déjà vu, l'administration
est seule compétente.

§ 2. — *Qui a autorité pour exercer l'action et en quelle forme
doit-elle l'être.*

D'après la loi du 5 novembre 1790, les actions relatives au domaine
public sont intentées et soutenues par le préfet.

C'est lui, en effet, qui est chargé de l'administration et qui, par
conséquent, a seul le droit de plaider au nom de l'Etat ; et il n'a besoin
pour intenter son action ou pour y défendre, ni de l'autorisation ni de
l'avis du conseil de préfecture.

C'est le préfet du département où siége le tribunal appelé à statuer, qui exerce l'action et la suit devant la Cour d'appel; c'est lui aussi qui forme le pourvoi.

Les demandes qui intéressent l'Etat et le domaine sont dispensées du préliminaire de conciliation (Code de Com. art. 49) C'est qu'en effet elle serait inutile, puisque le préfet n'a pas le droit de transiger. On y supplée du reste par la remise préalable d'un mémoire que les parties adressent au préfet, et qui contient l'exposé des faits sur lesquels elles entendent fonder leur action.

Ce mémoire n'est soumis à aucune forme spéciale, il suffit que les prétentions et les moyens du demandeur y soient clairement exposés. Mais il est exigé à peine de nullité; seulement la nullité n'est pas d'ordre public : c'est une nullité relative, de nature à être couverte par les défenses au fond.

Le mémoire a pour effet d'interrompre la prescription ; mais il ne constitue pas nécessairement le domaine en état de mauvaise foi et est impuissant à faire courir les intérêts.

Lorsque l'action est intentée par l'Etat, le directeur des domaines remet au préfet du département où sont situés les biens, un mémoire énonciatif de la demande avec les pièces à l'appui. Copie de ce mémoire est aussitôt adressée par le préfet aux parties intéressées, avec invitation de faire connaître leur réponse dans le délai d'un mois.

De même le mémoire dressé par les parties est communiqué au directeur des domaines, pour qu'il donne ses observations et fournisse les renseignements qu'il se sera procurés. Dans le mois qui suit ces diverses communications, le préfet statue par forme d'avis sur le mémoire qui lui lui a été présenté.

Si le préfet a jugé que les droits de l'Etat sont de nature à prévaloir devant les tribunaux, il poursuit l'instance, sans avoir besoin d'attendre l'autorisation du ministre des finances; mais il en informe préalablement les parties en leur transmettant une copie de son arrêté. Dans le cas contraire, c'est-à-dire, s'il a émis un avis favorable aux adversaires de l'Etat, il ne leur en donne pas connaissance; mais il en refè-

6

rera dans la huitaine, au ministre des finances qui, après avoir consulté l'administration des domaines, rendra sa décision pour approuver ou rejeter cet avis.

Le préfet est dispensé de constituer avoué et de recourir au ministère d'un avocat, mais c'est là une faculté dont il peut user ou ne peut pas user à son gré et qui n'entraîne jamais comme conséquence l'interdiction de la plaidoirie pour la partie adverse.

Quant à l'appel et au pourvoi, s'il y a lieu, les règles ordinaires sont ici applicables; seulement, au cas de pourvoi, dès qu'il est formé par le préfet, celui-ci cesse d'être le représentant légal de l'État : il est remplacé par le ministre des finances qui poursuit les effets du pourvoi à la diligence de la direction générale des domaines.

QUESTIONS CONTROVERSÉES.

—◁∞◦—

DROIT ROMAIN.

I. — Quel est le sens des mots *salvâ rerum substantia*, qui se trouvent dans la définition de l'usufruit ?

— Sans altérer la substance de la chose.

II. — Pour qu'il y ait mariage, faut-il outre le consentement qu'il y ait tradition de la femme au mari ?

— Oui.

DROIT FRANÇAIS.

CODE CIVIL

I. — Peut-on ne pas avoir de domicile ?

— Non.

II. — Un acte déclaré nul, comme testament mystique, peut-il valoir comme testament olographe, lorsqu'il a été écrit en entier, daté et signé de la main du testateur ?

— Oui.

III. — La dot mobilière est-elle aliénable ?

— Oui.

IV. — La constitution de dot par un tiers est-elle à titre gratuit ou à titre onéreux ?

— Elle est à titre gratuit à l'égard de la femme et à titre onéreux à l'égard du mari.

DROIT ADMINISTRATIF

I. — En matière domaniale, le juge ordinaire est le tribunal civil.

II. — La désaffectation d'un bien faisant partie du domaine public, peut avoir lieu par le non-usage.

III. — Le mémoire qui doit être déposé préalablement à une instance domaniale ne fait pas courir les intérêts.

DROIT COMMERCIAL

La clause compromissoire peut-elle être valablement stipulée dans un contrat de société ?

— Non.

CODE PÉNAL.

I. — L'étranger acquitté ou condamné à l'étranger pour un fait commis en France peut être poursuivi en France pour le même fait.

CODE DE PROCÉDURE

Lorsqu'une servitude de passage n'est point appuyée sur un titre, mais s'annonce par des travaux apparents établis sur le fonds prétendu servant, le trouble dans la possession d'une pareille servitude, peut-il donner lieu à l'action possessoire ?

Louis BOULARD.

Vu pour l'impression :
Le Doyen,
Ed. BODIN.

Typ. BAZOUGE fils et Cie, successeurs de M. HAUVESPRE.